Anonymous

Auf welche Weise könnte das Lehnverhältnis in Deutschland aufgehoben werden,

ohne dass dadurch eine Ungerechtigkeit begangen würde?

Anonymous

Auf welche Weise könnte das Lehnverhältnis in Deutschland aufgehoben werden,

ohne dass dadurch eine Ungerechtigkeit begangen würde?

ISBN/EAN: 9783743441408

Hergestellt in Europa, USA, Kanada, Australien, Japan

Cover: Foto ©Suzi / pixelio.de

Weitere Bücher finden Sie auf **www.hansebooks.com**

Auf
welche Weise könnte
das
Lehnverhältniß
in
Deutschland
aufgehoben werden, ohne daß
dadurch eine Ungerechtigkeit
begangen würde?

Deutschland. 1798.

Vorrede.

Es ist vorauszusehen, daß der hier vorgetragene Gegenstand, Tadel und Mißbilligung finden wird. Vorurtheil, Herrschbegierde, Stolz, Eigennutz und Haß gegen jede Neuerung, werden auf der einen Seite sich

sich der Ausführung eines solchen Vorschlags entgegen setzen, und uneingeschränkte Billigung des neufränkischen Verfahrens, Vorliebe für alle ihre Maximen, und Haß gegen den hohen und niedern Adel auf der andern Seite, wird die hier aufgestellten Grundsätze verwerfen. Ein Theil wird mich für einen Demokraten, und der andere für einen Aristokraten halten; da es aber nur eine Wahrheit giebt, und nicht Leidenschaft oder Vorurtheil, sondern die ruhige kalte Vernunft, hier entschei-

schreiben muß, so kann mich auch kein anders Urtheil, als das, welches auf sie gestützt ist, interessiren. Möchten daher aufgeklärte Rechtsgelehrte, Staatsmänner und Philosophen, diese hier, nur im Allgemeinen, als Versuch, aufgestellten Grundsätze, eines für das Wohl seines deutschen Vaterlandes besorgten Staatsbürgers, unpartheyisch und leidenschaftsfrey prüfen, und mögten doch diejenigen dadurch bewogen werden, zu sehen und zu hören, welche bisher absichtlich blind und taub seyn wollten,

ten, und so Ereignissen zuvorkommen, oder sie wenigstens unschädlich und minder gewaltsam zu machen suchen, die auch in Deutschland schwerlich ganz möchten verhütet werden können. Dieses ist der einzige Zweck des

Verfassers.

Als die Neufranken sich die Freyheit gaben, als sie die Vorrechte, welche einzelne Stände, zum Nachtheil anderer, sich zu verschaffen gewußt hatten, aufhoben, als sie allen aktiven Staatsbürgern gleiche Rechte ertheilten, somit auch die zahlreichste Klasse von Menschen, die man Unterthanen nannte, und als Wesen von geringerer Gattung behandelte, von dem Druck der Knechtschaft oder Leibeigenschaft, welchen fast die meisten adelichen Güterbesitzer unter dem Schutz verjährter Gesetze verüben konnten, befreiten, so wurde in Deutschland dieses Verfahren von den vernünftigern und billigern Theil, nur bloß deßwe-

gen getadelt, weil auf gar keine Schadloß=
haltung für die Güterbesitzer gesehen, auch
nicht der mindeste Ersatz selbst für wesent=
liche Theile ihres Eigenthums vorbehalten
wurde. Die Sache selbst fand aber der
denkende Mann, der von Vorurtheilen —
zumal solchen, die so sehr mit den Haupt=
schwachheiten der Menschen, dem Stolz
und dem Eigennutz verbunden sind, —
möglichst frey ist, ganz der gesunden Ver=
nunft und dem Geist der Zeit angemessen.

§. 2.

In Deutschland selbst dachte man an
eine Aufhebung dieses Drucks der meisten
Landbewohner noch gar nicht; man dispu=
tirte höchstens über den dabey zum Grunde
liegenden Rechtspunkt, und über die aus
einer so wichtigen Veränderung im Anfang
entspringenden Inkonvenienzen; das Eintret=
ten solcher Umstände, wo man im Ernst
daran denken müsse, hielt man entweder
für ganz unmöglich, oder doch für sehr
entfernt, und blieb ruhig.

§. 3.

§. 3.

Theils wurde auch nicht überall ein solcher Druck von adelichen Güterbesitzern ausgeübt, theils hatten viele Unterthanen selbst Liebe und Achtung für ihren Herrn, die sich in dem Maaß erhöhete, in der dieser Gerechtigkeit und Menschenfreundlichkeit ausübte, theils waren sie auch an ihr Schicksal so gewöhnt, daß sie gar nicht daran dachten, daß es anders seyn könne, und theils hielt sie auch Furcht ab, laut sich über das zu erklären was ihnen lästig fiel.

§. 4.

So lange also die Neufranken den Krieg in ihrem Lande führten, und kein Erwachen des Freyheitsgeistes in Deutschland zu befürchten war, so lange konnten die deutschen Lehn = und Gerichtsherren höhern und niedern Standes ruhig bleiben; nun aber, da das Freyheit = und Gleichheits = System schon in großen deutschen Provinzen,

zen, und höchstwahrscheinlich auf dem ganzen linken Rheinufer, so wie auch in der Schweiz eingeführt wird, so ist immer mehr zu befürchten und zu erwarten, daß die Reformen sich früher oder später weiter erstrecken, und nach und nach reifen, oder vielleicht gar in eine Explosion ausbrechen werden.

§. 5.

Ob im neuen Jahrhundert in Deutschland noch der Name Unterthan gebraucht wird, ist eine große Frage: Es scheint, daß in allen Ländern ein Reformationsgeist rege geworden, daß manches alte Herkommen, welches sonsten für ehrwürdig und unverletzlich gehalten worden ist, nun in einer dürftigen Gestalt gar oft als Unrecht und Mißbrauch erscheint, daß die Vernunft der Menschen von vielen Dingen ganz andere und weit besser berichtigte Begriffe hat, daß es also vergebliche Arbeit ist, dem Strome entgegen zu schwimmen, und vielmehr die Klugheit erfordert, freywillig sich der Nothwendigkeit zu fügen, und dadurch

durch die Reformen weniger gewaltsam, und so viel als möglich unschädlich zu machen.

§. 6.

Daß das Lehnsystem der natürlichen Freyheit der Menschen ganz entgegen; daß es ein Ueberbleibsel jener Zeiten ist, wo der Schwächere sich den Schutz des Stärkern gegen die lästigsten Bedingnisse erbitten muste, daß es nur bey dem Uebergang von Rohheit zu der Kultur Festigkeit gewinnen konnte, kann nicht geläugnet werden.

Das Lehnsystem einer vernünftigen Freyheit anpassend zu machen, ist schwer, und fast unmöglich, und wohl schwerlich wird es jemand anders vertheidigen, als wer durch die Abschaffung direkte oder indirekte einen Verlust zu befürchten hat.

§. 7.

Es ist auch bey der gelindesten Behandlung schon an und für sich höchst unangenehm ein Eigenthum zu besitzen, wobey man

man so sehr eingeschränkt ist, wo man bey Kauf, Tausch, dann Erb = und Todesfällen den 10ten oder 15ten Gulden, ausser andern Gebühren, und letztere oft nach willkührlicher Erhöhung bezahlen muß, und wo unter Tausenden oft kaum ein Bezahler einen andern Grund, als den des Herkommens, zu finden weiß.

§. 8.

Noch unangenehmer ist es aber für den Besitzer, wenn sein Erblehnherr auch die Gerichtsbarkeit über ihn ausübt, und über sein Habe, oft auch über Leib und Leben gebieten kann; der Bauer muß öfters die willkührlichen Handlungen und übeln Launen seines Amts = oder Eigenherrn hart fühlen, und zuweilen Aufopferungen machen, um nur sein Eigenthum verändern zu dürfen. Da, wo die Erblehn = und Gerichtsherrn keinen geschlossenen Distrikt besitzen, oder keinen Gerichtshalter haben, ist es für den Unterthan auch sehr nach-
theil-

theilig und kostspielig, wenn dieser erst weit entfernt, oft gegen seinen nächsten Nachbarn sein Recht suchen, und noch erwarten muß, ob der Herr des Beklagten so viel Unpartheylichkeit besitzt, und nicht, wie es öfters geschieht, seinen Unterthan begünstigt, und nach Convenienz richtet. Auf der andern Seite ist aber nicht zu widersprechen, daß die Aufhebung des Feudalsystem, in Hinsicht der bestehenden Gesetze, und des rechtlichen Erwerbtitels des größten Theils der jetzigen Besitzer, besonders aus dem niedern und neuern Adelsstande, ein wahrer Eingriff in das Eigenthum ist und bleibt; denn durch dasselbe erhält der Erblehn- und Gerichtsherr beträchtliche Revenüen, welche ihm, ohne offenbare Ungerechtigkeit und Gewalt, durch den Schluß der Mehrheit der Landeseinwohner, nicht entzogen werden können.

§. 9.

„Ein Schluß also — man hebe das Feudalsystem und alle erbliche Gerichtsbarkeit,

keit, ohne Schadloßhaltung, auf — ist eben so viel, als zu behaupten, ein Theil dürfe dem andern ungestraft sein Eigenthum nehmen, und es als sein eigenes gebrauchen. Daß hier bloß von einem solchen Eigenthum die Rede seyn kann, das einen zu Geld anzuschlagenden Werth hat, versteht sich wohl von selbst; denn wenn das Recht, über eine Klasse von Menschen unumschränkt und willkührlich zu gebieten, auch, als ein solches Eigenthum betrachtet werden dürfte, so könnte man am Ende gar verlangen, daß sich die Unterthanen zuvor selbst mit Leib und Seele, Weib und Kindern verkaufen lassen müsten, wenn sie dieses Eigenthum an sich lösen wollten; zu solchen und andern Absurditäten würden Behauptungen dieser Art führen.

Ohne alle Entschädigung, würde die Klasse von Bürgern, welche Erbzinßlehnherren sind, ihres Eigenthums beraubt, und die Erbzinßlehnleute würden einen Gewinn sich zuwenden, und etwas verlangen,

was

was sie nie gekauft, oder auf gesetzmäßige Weise erworben hätten.

§. 10.

Wenn indessen das allgemeine Wohl des Staats eine Aufhebung des Lehnsystem fordert, und auch die, durch Unterdrückung des Geringern entstandene Sklaverey der Landleute, und die Befugniß der willkührlichen Behandlung ihres Leib und Lebens, Haab und Güter, ohne Ersatz — (weil keiner zu geben, noch nach vernünftigen Grundsätzen auszumitteln ist) abgeschaft wird, so kann doch für dasjenige, was dem bisherigen Unterthanen, einen unmittelbaren Vortheil, der einen Geldwerth hat, gewährt, allerdings ein Ersatz geleistet werden.

§. 11.

So wenig die Erbleute oder Unterthanen ihre Güter, als frey, lauter und eigen gekauft haben, oder zu kaufen gesonnen waren, folglich nicht etwas verlangen

ibn-

können, was sie selbst niemals zu acquiriren verlangt haben, eben so wenig haben die Erb = und Gerichtsherren in der Regel ihre Rechte usurpirt, sondern größtentheils in diesem und im vorigen Jahrhundert erkauft.

Wie hoch aber in den neuesten Zeiten die Kaufsanschläge über Unterthanen getrieben worden sind, ist allzubekannt, als daß man eine nähere Darstellung davon zu machen Ursache hätte: denn finden sich nicht über Landgüter Anschläge, wo alle 15 oder 20 Jahre ein Handlohnsfall calculirt, und noch andere Ausflüsse der Eigenherrschaft entsetzlich hoch angeschlagen werden? und werden diese Einnahmen nicht gleich mit 30, 33 1/3, ja zuweilen mit 40 bis 50 fl., um nur ein großes Kapital herauszubringen, erhöhet? —

§. 12.

Kann man also wohl diese Güterbesitzer, welche auf eine rechtmäßige Art die

Gü=

Güter erkauft, die sie zum Theil seit undenklichen Jahren auch ruhig besitzen, und deren Unterthanen, besonders in den neuern Zeiten, diesen Besitz vollkommen anerkannt haben, so willkührlich ihres Eigenthums berauben? — Ohnmöglich kann ein billig denkender Mann einen solchen Antrag machen; nichts zu gedenken, daß manche Landgüterbesitzer, die zum Gut gehörigen Grundstücke an Feldern, Wiesen, Weihern ꝛc. als Erbzinßlehn erst in den neuesten Zeiten vererbt haben, und also die Bedingnisse der Veräusserung noch im frischen Andenken ruhen.

§. 13.

Wenn nun den Lehn= und Gerichtsherren, ihre wohl, und oft sauer erworbene Rechte, nicht mit einem Federstrich oder willkührlichen Ausspruch, geradezu entzogen und nicht viele, wo nicht zu Bettlern, doch wenigstens zu solchen armen Leuten, daß sie ihre Kinder nicht mehr ernähren können, gemacht werden wollen, — der Geist der Zeit, und der Drang der Umstände aber doch, das ganze Feudalsystem aufzuheben, fordert, so befiehlt Politik und Klugheit, dem hohen wie dem niedern Adel, ein Mittel aufzusuchen, wie der Vortheil der Unterthanen, ohne allzugroßen Schaden ihrer Herren, mit einander vereinigt werden kann.

§. 14.

Wäre es also nicht sehr zweckmässig, wenn allen Bauern und Landleuten, so wie allen Lehnleuten angekündigt würde, daß sie gegen eine proportionirliche Geldsumme, ihre Güter frey, lauter und eigen, und sich von dem Lehnnexum loßmachen könnten und dürften?

Der Landmann hat an vielen Orten, bey den theuern Naturalien, und durch den Krieg, Geld gewonnen, der bereicherte wird also freudig die Gelegenheit ergreifen und mit einer Summe Geld sich frey kaufen;

der

der welcher nicht Geld vorräthig hat, nimmt es vielleicht von seinem Nachbar verzinnßlich auf, um nur auch sich frey kaufen zu können?

Der Lehn = und Gerichtsherr erhält dadurch ein ansehnliches Kapital auf einmal, womit er eine andre Art von Gewerb anfangen kann, es sey nun eine Handlung damit zu etabliren, oder die Landwirthschaft zu treiben, oder es auf Verzinnßung zu legen, und dem Staat mit seinen Talenten zu dienen. In jedem Fall wird dadurch ein thätigers Leben bey vielen Landgüterbesitzern bewirkt. Der Staat aber, welcher natürlich seine immediat Unterthanen von der Lehn = und Gerichtsbarkeit der Beamten befreyen müßte (wenn anders die Unterthanen selbst sich frey kaufen wollen,) könnte mit einem so beträchtlichen Kapital einen großen Theil der Staatsschulden tilgen.

§. 15.

§. 15.

Würde ein solches Project aber für ausführbar angesehen, so ist nothwendig, daß gewisse festzubestimmende Grundsätze — wie hoch alle Eigenschaften, in so ferne sie mit Billigkeit zu Geld anzuschlagen sind, abgekauft werden können? — aufgestellt werden müssen, damit nicht Willkühr von Seiten des Lehnherrn, und Eigensinn auf Seiten des Erbzinnßmann eintretten kann.

Ganz allgemein gültig für alle Reichsländer und Kraise, kann freylich, wegen der Verschiedenheit der Geseze und Herkommen, kein Regulativ gegeben werden, es könnten aber doch folgende Grundsätze ohngefähr bestimmt werden: zum Beyspiel.

§. 16.

1) Alle 25 Jahr wird ein Handlohnsfall, oder eine neue Belehnung angenommen.

Weniger Jahre durchschnittsweise anzunehmen, wäre für den Landmann drückend; weil dergleichen Kalkulationen nur diejenigen erfunden haben, welche einen übermäßigen Anschlag bey Verkaufung der Güter, herausbringen wollten; denn wenn auch zuweilen, in 10 oder 15 Jahren, Fälle vorgekommen sind, in welchen zwey Handlöhner gefallen sind, so stehen diese Fälle in zimlicher Gleichheit und Seltenheit mit den Fällen, wo nach 40 und 50 Jahren erst ein erbzinnßlehnbares Gut von einem Besitzer auf den andern gekommen ist.

§. 17.

2) **Die Erhöhung des Ertrags zu einem Hauptstock, kann nur mit 25 geschehen.**

Es ist dem Erbzinnßmann nicht zuzumuthen, die Freykaufung mit 33 1/3 zu leisten, da um 4 pro Cento das Kapital immer noch sicher angelegt werden kann, ja noch mehrere Procente mit gewonnen werden können, wenn mit dem Kapital speculirt wird. Diejenige Erblehnherren, welche die Eigenschaften um 2 oder 3 Procent erkauft haben, werden freylich an ihren Hauptstock, nicht aber an ihren Renten, einen Abgang finden, allein es muß ja bey jeder Verbesserung ein Theil etwas leiden, und es gewinnt ja vielleicht dieser, rücksichtlich seiner gewissen Zinßeinnahme, doch dabey.

§. 18.

3) Diejenige, welche erst in den neuesten 10 Jahren belehnt worden sind, und also Handlohn bezahlt haben, müssen einen proportionirlichen Abgang an Hauptstock machen dürfen.

Diese Proportion auszufinden, mögte am schwersten scheinen, weil doch einmal eine Periode angenommen werden muß, von

der

der man bei der Berechnung ausgehen muß. Ich nehme nun an — (weil ja doch ein Zeitpunkt angenommen werden muß) — daß nur diejenigen Abzüge machen sollten, welche nicht volle 10 Jahre schon mit dem Gut belehnt sind; man kann zwar auf der einen Seite sagen, daß jeder der nicht 25 Jahr das Gut besitzt, etwas abziehen dürfte, also diejenigen, welche erst vor 11 oder 12 Jahren Handlohn bezahlt haben, zu kurz kommen; allein da ein Zeitpunkt doch einmal angenommen werden muß, und doch nach Verhältniß der Jahre Abzüge gemacht werden sollen — so würden diejenigen Eigenherren, welche von den Bauern bereits über 25 Jahr kein Handlohn mehr bezogen haben, auch mehr bey der Freymachung verlangen können; man würde alsdenn auf Berechnungen kommen, die sicher von dem Zwecke ableiten. Man nehme also den Grundsatz an, wer über 10 Jahr sein Gut besitzt, darf nichts abziehen, wenn er sich frey kaufen will.

§. 19.

4) Amts- und Eigenherren müssen auch auf ihre Jurisdictions-Befugnisse, gegen verhältnißmäßige Indemnisation Verzicht leisten.

Alle Gebühren, welche für Arbeit und Mühe bezahlt werden, als Protocollgebühren, Inventursaufnahmen, Theilzettelfertigung, oder dergleichen, fallen dann ganz weg, und kann keine Indemnisation dafür verlangt werden, weil die Bemühung wegfällt, und der Eigenherr keinen Verwalter, oder der Landesherr keinen Beamten mehr dazu anzustellen braucht. Es kann also nur von procentisch berechnet werdenden Gebühren, oder von Strafen die Rede seyn, erstere sind Inventurs- und Einschätzungsgebühren, wovon etwan im Durchschnitt alle 15 Jahr ein Fall angenommen werden kann und darf, und bey letztern, nämlich den Strafen, könnten etwann dreyerley Classificationen an-
ge-

genommen werden. Große Höfe haben meistens Taglöhner, Inwohner und viele Dienstboten, mithin werden die vogteilichen Rechte nutzbarer als bey kleinen Gütleins oder Treyfhäusern seyn; man nehme also an, daß das geringste Gut jährlich 1 fl. an Strafen erträgt. Bey Bauerngütern, deren Werth 2000 fl. ist, etwan 2 fl., und bey Gütern von 3000 fl. und höhern Werth, jährlich 3 fl. Bey gegenwärtigen Zeiten würde ein höherer Strafertrag nach einen 20 bis 30 jährigen Durchschnitt gerechnet, eine harte Verwaltung verrathen und der Vorwurf der Despotie würde nicht ungegründet seyn.

Zwar möchte man einwenden, daß Obrigkeiten, bey Ausübung der Gerichtsbarkeit, niemals auf Geldstraffen calculiren sollen, und daß eben diese Strafen einen willkührlichen Druck beweisen; allein Verfehlungen muß ja jede Gerichtsherrschaft, wenn es auch selbst ihren Herzen wehe thut, bestrafen, und der Geist der Zeit hat es schon

schon so weit gebracht, daß in Geldstrafen, noch ein Vorzug gegen körperliche Strafen gesucht wird. Eben daher ist bey den Güteranschlägen diese Rubrik, so wie die Inventurgebühren, so häufig angeführt. Wenn man also die beyden, ohnehin allein übrig bleibenden, nützlichen Ausflüsse der Jurisdiction, den Gerichtsherren entziehen wollte, so würde ihr nichts bleiben, da die übrigen kleinen Gebühren welche bezogen werden, ohnehin verdient, und wenn auch nicht dem Herrn — doch allemal irgend jemand bezahlt werden müssen. Da nun eine Entschädigung bey Cedirung der Gerichtsbarkeit eintretten soll, so glaube ich, daß dieser Anschlag, mit der Billigkeit auf der einen, und mit der Gerechtigkeit auf der andern Seite, bestehen könnte.

§. 20.

5) Alle Dorfsgemeinden wären sobann befugt selbst Gerichtshalter zu wählen.

Es ist billig, daß dieses Recht den Landleuten überlassen wird, sie können aus ihrem Mittel, oder zu wem sie sonsten Zutrauen haben, sich Obrigkeiten wählen. Es versteht sich daß mehrere Ortschaften in einem Distrikt, über eine Person sich vereinigen müssen, um den Aufwand minder kostspielig zu machen, da diese Person von den wählenden selbst belohnt werden müste, und wogegen auch Strafen und Gebühren den Ortschaften zu ihrer fernern Disposition verbleiben würden. Daß dergleichen Gerichtshalter, auch die erforderlichen Eigenschaften haben, also bey einer Prüfung bestanden, und landesobrigkeitlich bestättigt seyn, so wie sie nach den Landesgesetzen, es mag die Regierung monarchisch, aristokratisch, oder demokratisch seyn, in allen Fällen sprechen und handeln müssen, ist wohl keinem Zweifel unterworfen.

§. 21.

6) Gülten, Erbzinnse und Weisathen, würden entweder ferner

ner jährlich abgereicht, oder in natura, 30 mal erhöhet, abgelößt.

Man sollte nämlich jedem erlauben sich frey zu machen, nur ist es billig, daß dergleichen onera realia, — weil sie beständige und unveränderliche Einnahmen gewähren, auch nicht dem Zufall unterworfen sind, ob sie nämlich wirklich eingehen oder nicht, wie zum Beyspiel, bey Handlöhnern, Gebühren, Straffen ꝛc. — höher angeschlagen werden.

Mit 30 fl. 1 fl. abzulösen, ist gewiß ein nicht zu hoher und nicht zu geringer Preiß, daß aber Weisath und Naturalien nicht mit Geld, ohne Einwilligung des domini directi, abgelößt werden dürfen, ist in der Natur der Sache gegründet, weil jeder sonsten die Ablösung nach den geringsten Getraidpreisen berechnen würde; wenn aber einmal angenommen ist — 1 fl. mit 30 fl. ablösen zu können, so muß auch erlaubt werden, ein Simmer Korn
mit

mit 30 Simmern, ein Schock Eyer mit 30 Schocken, eine Henne mit 30 Hennen, nach zuvor geschehener Aufkündigung, abzulösen. Dieß brächte den Vortheil daß mancher Landmann, nach und nach, seine Gült ablösen könnte, den z. B. er liefert 15 Er. in einem Jahr ab, so erleichtert er sich jährlich um ein halb Simmer, und auf diese Art, kann er mit jedem Jahre, seine Gült vermindern.

§. 22.

7) **Auch Frohndienste müſten mit 25igmaliger Erhöhung abgekauft, oder abverdient werden können.**

Bey denjenigen, welche beſtimmte Frohndienſte zu leiſten haben, iſt es keiner Schwierigkeit unterworfen, da aber, wo unbeſtimmte Frohndienſte herrſchen, — (welche der Induſtrie und dem Landeswohl ſehr nachtheilig ſind). — müſten ſolche, nach dem Maaßſtaab der Billigkeit, erſt in be=
ſtimm=

ſtimmte verwandelt werden, damit die Freyʒmachung regulirt werden könnte.

§. 23.

Um mich etwas detaillirter auszudrüʒcken, habe ich eine Berechnung als Beyʒlage angehängt. Es iſt ohngefähr der Maaßſtab darinnen angenommen, wie es im nürnbergiſchen Gebiet am erſten auszuʒführen wäre, und könnte jeder Amtsdiſtrikt hiernach, eine eigene auf ſein locale paſʒſende Berechnung fertigen. Uebrigens verʒberge ich mir jene Zweifel und Einwendunʒgen nicht, welche wegen der Abkaufung der Lehnſchaften, die Eigenherren machen werden, und auch mit Grund machen könʒnen, nämlich:

1) daß bey der immer höher ſteigenden Inʒduſtrie, die Güter mit jedem Jahr, einen höhern Werth bekommen.

2) Daß die Naturalien, als Getraid, Eyer, Schmalz, Geflügel ꝛc. faſt alle Jahr

im

im Ankauf höher zu stehen kommen, als bisher; wodurch also

ad 1) die Handlöhner künftig weit mehr abwerfen werden, als dermalen solche nach einem 20, 30 oder 40jährigen Durchschnitt, betragen haben; und

ad 2) wegen der Naturalien, sich kein künftiger Werth bestimmen läßt.

Allein, soll den nicht jeder Theil etwas schwinden lassen? soll denn nur ein Theil allein nachgeben, und soll denn just dieser Theil, der seit vielen Jahren geringer und verächtlicher behandelt wurde, und der doch immer der nützlichste und nothwendigste bleibt, auf seine unveräusserliche Menschenrechte auf ewig Verzicht leisten? — Kann denn der Eigenherr, nicht mit dem Kapital, welches er dadurch erhält, eine andere Speculation machen? Sollen denn Menschen, ihr sauer erworbenes Eigenthum, und ihre Freyheit, immer und ewig, wie bey den Schwarzen, um eine Summe Gelds, verkauft werden können? —

Ist

Ist dieses etwan nicht wahr? verkaufen nicht eigenherrliche Besitzer ihre Unterthanen tagtäglich? und fragen sie diese je um ihre Einwilligung? Ich spreche ja blos von Schadenersatz bey der dermaligen Zeit, keineswegs aber von den Vortheilen, welche noch die künftigen Generationen, auf Kosten der Freyheit, geniessen wollen! wer kann es wohl hindern, wenn das Volk erwacht, und bey einer Explosion, die Indemnisation gänzlich vergißt? Ist es nicht besser sich in die Umstände dergestalt zu fügen, daß Gewalt und Unrecht verhütet wird?

§. 24.

Daß der hohe Adel sowohl als auch der niedere, gegen Bürger, welche eigentliche Lehn besitzen, nach eben solchen Grundsätzen, ganze Reichsländer von den Lehnnern befreyen sollte, liegt in der natürlichen Billigkeit. Diese haben auch noch mehr Ursache hiezu, den meistentheils sind die Länder von Mindermächtigen, den Großen zu

Lehn

Lehn aufgetragen worden, und sie haben sich eine Oberbotmäſſigkeit mehr durch ihre Macht und Gewalt, als durch einen recht= oder geſetzmäßigen Titel erworben. Die Erbzinnßlehn ſind doch eigentlich allodia, und das Eigenthum iſt nur beſchränkt, bey Lehn hingegen fällt die willkührliche Ver= äuſſerung gänzlich weg. Die perſönlichen Dienſte des Vaſallen, ſind ohnehin, bey der dermaligen Staatsverfaſſung, auſſer Uebung gekommen, und es iſt bloß bey Veränderung des Lehnherrn und Vaſallen, eine meiſtens beſtimmte Geldabgabe zu be= zahlen, welche freylich in neuern Zeiten, unter dem Titel der Gebühren, willkühr= lich erhöhet worden iſt.

Man nehme daher, weil ſowohl Her= ren= als Vaſallenfälle vorkommen, alle 10 Jahre einen Fall an, und laſſe ſich dieſe Summe, mit 25 erhöhet, abkaufen. Der Lehnherr gewinnt, weil er doch ſicher alle 10 Jahr auf die volle Einnahm rechnen kann, und der Vaſall gewinnt, weil er die

Bemühungen und Viliganz bey Lehnseinmutungen entübrigt ist, und die Reiskosten erspart. Z.B. es wird bey einem Herrenfall

Laudemium bezahlt   =   200 fl.
Die Canzleygebühren betragen   100 fl.
_____
Also in allem 300 fl. mithin käme auf ein Jahr 30 fl. diese mit 25 erhöhet giebt Capital 750 fl. Weil die Vasallenfälle öfters seltener vorkommen, wenn ein junger Mann zum Lehnträger gestellt wird, so kann der Lehnherr auf diese Einnahm nicht einmal rechnen.

Oefters nimmt das Personale dem Lehnhof die ganze Einnahm weg, welche durch die Abkaufung und sichere Anlegung des Hauptstock aber in des Lehnherrn Kassa fliessen würde.

Die Unbequemlichkeiten der Vasallen wegen der Correspondenz, der Reisen ꝛc. fielen völlig weg; kein Vasall würde daher sich weigern, nach billigen Grundsätzen sein Lehn frey zu kaufen.

§. 25.

§. 25.

Eben so billig ist es, daß die Zehenden aufgehoben werden; aber sie den Grundeigenthümern ohne allen Ersatz gleichsam zu schenken, ist gegen alle Grundsätze des Rechts und der Billigkeit. Wenn einmal für nothwendig gehalten wird, daß die Landesbewohner durch Abgab des Zehnden nicht mehr belästigt werden sollen, so muß dieses nicht auf Kosten anderer Staatsbürger geschehen, die ihr erworbenes Vermögen, durch Ankaufung sicher und gesetzmäßig angelegt haben. Nichts ist leichter als im Durchschnitt ausfindig zu machen, wie viel diese Zehnden ertragen haben, oder auch ertragen können, und nach diesem Maaßstab kann dann die Summe des darinnen liegenden Hauptstock gefunden werden. Zu nichts würde der Landmann sich leichter verstehen, als statt des Zehndens, eine gewisse jährliche Summe, an Geld oder Getraid, abzugeben, und dann läßt sich diese, mit 25 erhöhet, auch gänzlich wegkaufen.

§. 25.

§. 26.

Wie glorreich wäre es, wenn Reichsstände, ihren bisherigen Unterthanen, ächte und vernünftige Freyheit und Gleichheit verschaffen, und das Lehnsverhältniß, und die erbliche Gerichtsbarkeit aufheben würden? Wie sehr würde der Landmann diejenigen ehren, welche ihn die Mittel darreichten, sich der lästigen Beschränkung seines Eigenthums zu befreyen? welcher Gemeingeist würde befördert werden, wenn alle Menschen gleiche Rechte genießen würden? Wenn die Nation sich selbst Gesetze geben, und die Richter in Polizey und Justizangelegenheiten selbst wählen dürfte?

Wie würde sich die Industrie vermehren? wie das allgemeine Landeswohl emporsteigen? wie sehr die Liebe, Geselligkeit und Zutrauen sich mehren? wie die wahre Glückseligkeit befördert werden, wenn Freyheit und Gleichheit, ohne Unbilligkeit, auf dem Weg der gütlichen Uebereinkunft, und

des

des billigen Ersatzes für unverkenntlichen Schaden, eingeführt würde? Wie mancher Staat= und Privatmann könnte sich dadurch von drückenden Schulden befreyen, und wie könnten dadurch selbst die allgemeinen Staatslasten, zumal nach diesem unglücklichen Krieg, der sie beynahe in ganz Europa so entsetzlich vermehrt hat, erleichtert werden? Niemand würde dann Revolutionen begünstigen, jeder könnte im Glück und Ruhe sein Eigenthum geniessen, und alle wären zufrieden gestellt.

Beylage.

I. Beyspiel.

Ein Bauer hat A. 1780 pro 1200 fl. seinen Hof gekauft, dieser wäre aber dermalen wenigstens 1500 fl. werth, es betrüge also das Handlohn 150 fl. (wenn nämlich 10 Procent gewöhnlich bezahlt worden sind.) Wenn daher alle 25 Jahr ein Fall angenommen wird, so macht es im Durchschnitt jährlich

	fl. kr.	fl. kr.
	6 —	

Das Zählgeld bey Ver=
kaufung beträgt a 1 kr.
von 1 fl. (den die Schreib=
und Quittungsgebühr wel=

Latus 6 —

Trans-

	fl. kr.	fl. kr.
Transport	6 —	

che meiſtens für eigentliche Bemühung mit 1 auch 2 pf. vom Gulden bezogen werden, fallen weg) thut jährlich . . 1 —

Für die Kaufsgebühren worunter verſtanden werden a) Kauf zu beſchreiben, b) Ratificationsgebühr, c) Eintragung des Protokolls ins Kaufbuch, e) Siegelgebühr f) Kaufbrief zu entwerfen auszufertigen, g) Erbpflichtleiſtungsgebühr ꝛc. Möchten von erſten 1000 fl. 1 fl. und von übrigen $\frac{1}{2}$ proc. als das höchſte gerechnet werden können, dieſe betragen alſo von

Latus 7 —

Trans-

	fl. kr.	fl. kr.
Transport	7 —	
von 1500 fl. Kaufsumme 12 fl. 30 kr. thut auf ein Jahr im Durchschnitt	— 30	
Hat also der Lehnherr jährlich ohngefähr	7. 30.	
Diese mit 25 zu Capital erhöhet thut		187. 30.

Hatte der Lehnherr auch die Gerichtsbarkeit so wird derselbe bloß wegen den procentischen Gebühren zu entschädigen seyn, man rechne also bey Inventuren 1 Proc. Jedoch, da man unmöglich das Activvermögen bestimmen kann, so könnten die weggeliehenen Gelder mit den Schulden compensirt, somit angenommen werden,

Latus 187. 30

Trans-

	fl. kr.	fl. kr.
Transport		187. 30.
daß der Erbzinnßmann gerade so viel Vermögen hinterläßt, als sein Erbzinnßgut werth ist; wenn nun wegen beyder Ehegatten, alle 15 Jahr ein Fall angenommen werden kann, in welchen sich eine Inventur ereignet, so wird von 1500 fl. 15 fl. bezahlt, mithin jährlich abwerfen	1. —	
Die Gebühren für wirkliche Bemühungen, Ordonanzen, Siegelgeld ꝛc. fallen bey der Indemnisation weg, weil sie für Bemühungen gerechnet werden, welche durch die Wegkaufung nicht gänzlich cessiren wegen der		
Latus	1. —	187. 30.

	fl. kr.	fl. kr.
Transport	1. —	187. 30
vogteylichen Gerechtsame besonders wegen der Strafen welche der dominus directus beziehet, ist bey einem solchen Hof zwischen 1 und 2000 fl. abzusehen jährlich	2. —	
Thut	3. —	
mit 25 erhöhet thut		75. —
Mithin können die lehn- und gerichtsherrlichen Rechte von einem Hof von 1500 fl. werth abgelößt werden mit		262. 30

Eine Summe, welche wohl angewendet werden kann um sich frey zu kaufen.

II. Beyspiel.

Ein Gütlein ist A. 1789. um 400 fl. erkauft worden, ist aber dermalen wohl 500 fl. werth. — Betrüge

1)

| | fl. kr. | fl. kr. |

1) Handlohn 50 fl. a 10
Proc. mithin $\frac{1}{25}$ mit — 2 —

2) Zählgeld von 500 fl.
8 fl. 20 kr. $\frac{1}{25}$ — — 20

3) Kaufsgebühren 5 fl. $\frac{1}{25}$ — — 12

4) Wegen cessirenden Inventursgebühren 5 fl. $\frac{1}{15}$ — — 20

5) Vogteylichkeit von der kleinsten Klaß . — 1 —

     Thut 8. 52

Mit 25 erhöhet giebt Capital . 96. 40

6) Dieses Gütlein gültet 15 kr. für eine Henne und 42 kr. für Erbzinnß, diese mit 30 erhöhet giebt Hauptstock . 28. 30

7) Es leistete der Besitzer jährlich 1 Frohntag, a 15 kr. gerechnet, giebt mit 25 erhöhet 6. 15

8) Mehr ½ Sri Korn, dieses abgelößt geben 15 Sr. und

    Latus 131 25
     Trans-

		fl.	kr.
Transport	. . .	131.	25
solche accordmäßig abgekauft a 14 fl. thut . . .		210.	—

	fl.	kr.
Mithin kann der Gütleinsbesitzer sich von allen grundlehn- und erbgerichtsherrlichen Abgaben frey machen mit . . .	341.	25
Weil aber dieser Besitzer erst 9 Jahr das Gütlein besitzt, nur aber der welcher über 10 Jahre belehnt ist, das ganze abkaufen muß, so geht diesem von den 3 ersten ein Jahr zu gut mit . . .	2.	32
hat also zu zahlen	338.	53

III. Beyspiel.

Ao. 1795 kaufte NN. eine Mahl- u. Sägmühle um 6000 fl., das Handlohn betrug damals 600 fl.

	fl.	kr.	pf.
also 1 Jahr im Durchschnitt mit 25 .	24.	—	—

Zähl-

Zahlgeld 100 fl. $\frac{1}{25}$ 4. — —
Kaufsgebühren 35 fl.
näml. vom ersten
1000 fl. 10 fl. und
von übrigen $\frac{1}{2}$ Proc.
thut $\frac{1}{25}$ 1. 36. —
Inventursgebühr,
Indemnisation von
60 fl. $\frac{1}{15}$ 4. — —
Strafen u. Vogtey-
lichkeit wegen, von
der 1sten Klaß   3. — —
      Thut 36. 36. —
mit 25 erhöhet   fl.   kr.
giebt Capital . . . . . 915. —
7 Sr. Korn Gült
wird akordmäßig
abgekauft à 14 fl. 98. — —
Canon und Hen-
nengelder   2. 52. 2.
4 Schock Eyer
à 1 fl. jährl.   4. — —
Thut die Gült 2c. 104. 52. 2.
      Latus 104. 52. 2.

Trans-

Transport . . 104 fl. 52 kr. 2 pf.
solche mit 30 er=
höhet giebt Capit. . . . 3146. 15.

Thut . . . . . 4061. 15.

So groß auch diese Summe scheinen mag, so werden doch vielleicht die jährlichen Zinßen leichter abzustoffen seyn, als diese starken Abgaben, bey theuern Victualien, oder bey einen Todesfall abzureichen, und doch dabey in ewiger Verbindlichkeit zu bleiben.

Da diese Mühl erst vor 3 Jahren gekauft und ein volles Handlohn entrichtet worden ist, so erfordert die Billigkeit, daß 7 Jahre von den bezahlten Handlohn zurückgegeben werden, denn nach den obigen Plan soll innerhalb 10 Jahren keine 2 Handlöhner bezogen werden können. Die obigen 3 ersten Posten betragen 29 fl. 36 kr. wel=

Latus 4061. 15.
Trans=

	fl.	kr.
Transport	4061.	15.
che 7mal von dem Capital abzurechnen sind mit	207.	12.
hat also zu bezahlen	3854.	3.

IV. Beyspiel.

NN. kaufte Ao. 1790 ein walzendes Stück oder fliegendes Lehn von $\frac{1}{2}$ Morgen Wiesen um 200 fl., dermalen ist aber der Werth 250 fl.

	fl.	kr.
1) Handlohn betrüge also 25 fl. $\frac{1}{25}$	1.	—
2) Zählgeld 4 fl. 10 kr. $\frac{1}{25}$	—	10.
3) Kaufgebühr $2\frac{1}{2}$ fl.	—	6.
Die Jurisdiction hat der Lehnherr nicht über die Person des Besitzers.	1.	16.

	fl.	kr.
also mit 25 erhöht thut	32.	40.
Canon jährlich 15 kr mit 30 erhöhet	7.	30.
Thut	40.	10.
Latus	40.	10.

Trans-

	fl.	kr.
Transport . . .	40.	10.

Weil aber der Besitzer erst vor
8 Jahren Handlohn ꝛc. be-
zahlt hat, so müssen ihm 2
Jahre zu gute gehen à 1 fl.
16 kr. mit . . . . . . 2. 32.

hat also nur zu zahlen 36. 38.